Karina Stieler • Kristiana Heinemann

HALLOWEEN

Kostüme und Masken
Raum- und Tischdekoration
Rezepte und Spiele
Ideen für Mottofeste

FALKEN

Im FALKEN Verlag sind zahlreiche Titel zum Thema „Feste feiern“ erschienen. Bitte fragen Sie überall dort, wo es Bücher gibt.

Sie finden uns im Internet: **www.falken.de**

Dieses Buch wurde auf chlorfrei gebleichtem und säurefreiem Papier gedruckt.
Der Text dieses Buches entspricht den Regeln der neuen deutschen Rechtschreibung.

ISBN 3 8068 2786 9

Umschlaggestaltung: Rincón² Design & Produktion GmbH, Köln
Producing: Medienagentur Gerald Drews GmbH, Augsburg
Koordination: Winfried Schindler
Fotografie: Klaus Lipa, Diedorf bei Augsburg; außer: S. 9 und S. 20 AGB/Superbild; S. 56 DPA/Pilick; S. 6 Karl Holzhauser, Augsburg
Illustrationen: Kristiana Heinemann, Oberriexingen
Herstellung: Buch & Konzept, A. Wehland, München; Petra Becker
Redaktion: Redaktionsbüro Bettina Gratzki, München
Bildredaktion: Michael Brandstätter, Eisenberg im Allgäu
Layout und Satz: Caroline Saupe, München
Druck: Appl, Wemding

817 2635 4453 6271

INHALT

DER REIZ DES SCHRECKLICHEN

Hat Sie's auch erwischt? Sind Sie auch zum Grusel-Liebhaber mutiert? Trösten Sie sich, denn Sie sind in guter Gesellschaft.

Einmal im Jahr wird Horrorschock und Glibbergrusel salonfähig, und zwar an Halloween. Die ursprünglich europäische Herkunft des Festes, nach Amerika exportiert, erfreut sich als Re-Import immer größerer Beliebtheit. Und jetzt sind Sie also soweit: Endlich wollen Sie auch mal eine Halloween-Party feiern ... aber wie?

Mit diesem Buch haben Sie den idealen Leitfaden erworben. Wir zeigen Ihnen, was möglich ist, führen Sie zu eigenen schaurigen Ideen und lassen auch viel Spielraum für Kreativität – sofern gewünscht.

Sie werden sich wundern, wie toll sich Ihre Wohnung oder Ihr Keller (!) zum Schauplatz allerlei albtraumhafter Szenarien verwandeln lässt. Und das Beste daran: Die meisten Requisiten finden Sie zu Hause.

Haben Sie schon bemerkt, wie „blutig" Ihre rote Gartentischdecke aussieht oder wie Sie dank Ihrer weißen Bademütze zum kahlköpfigen Knochenmann werden? Einfach ekelhaft, diese Maden in der Suppe. Oder ist es vielleicht doch nur Milchreis? Man weiß ja nie...

Dieses Buch ist voll von solchen Beispielen und mit etwas Geschick und ein wenig Deko hier und da liegen Sie voll im Trend.

Jedes Fest steht und fällt natürlich mit den Gästen:
Wer auf einem Vampirfest als Clown verkleidet erscheint, läuft Gefahr, sofort kollektiv ausgesaugt zu werden – und das wäre noch das Harmloseste! Sie als Gastgeber/in können schon im Vorfeld auf Ihre Gäste einwirken und so zum Gelingen der Party beitragen. Wie Sie das humorvoll bewerkstelligen, erklären wir Ihnen.

Auch Beleuchtung, Spiele und last but not least die Speisen und Getränke machen aus Pelzmützen Werwölfe und aus Bettlaken Gespenster.

Wir wünschen Ihnen, dass Ihr Halloween-Fest so ein Knüller wird, dass Ihre Gäste noch Wochen später schlecht träumen ...

Ihre Karina Stieler und Kristiana Heinemann

DIE HISTORIE VON HALLOWEEN

HERKUNFT DES FESTES

Kritiker des Halloween-Festes behaupten, das sei wieder so ein Brauch aus Amerika, den sich die Europäer aufzwingen lassen. Diese Leute haben keine Ahnung, denn bei Halloween handelt es sich sozusagen um den Re-Import eines europäischen Brauches. Und während das Fest in den Vereinigten Staaten zu einem normalen Kostüm-Karneval mutiert, steht hier bei uns immer noch der Schauergrusel an erster Stelle.

Wie viele christliche Feste hat auch Allerheiligen einen heidnischen Ursprung. Keltische Druiden in Irland feierten das Fest des Todesfürsten Samhain in der Nacht vom 31. Oktober auf den 1. November. Dieses Datum war gleichzeitig der keltische Jahreswechsel und markierte das Ende der warmen und den Beginn der kalten, dunklen und unfruchtbaren Jahreszeit.

In dieser Nacht durften angeblich die Verstorbenen des vergangenen Jahres mithilfe von Samhain in das Reich der Toten einkehren.

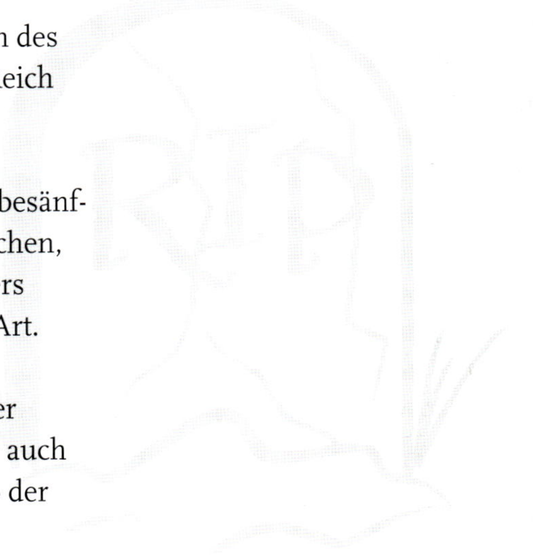

Um die umherirrenden Dämonen und Geister zu besänftigen, wurden Opfer gebracht, um sie zu verscheuchen, wurden Feuer angezündet. Die Nacht war besonders günstig für Voraussagen und Weissagungen aller Art.

Seit 900 n. Chr. feiern die Christen am 1. November Allerheiligen, im Englischen „All Saints Day“ oder auch „All Hallows“. Der Abend vor Allerheiligen ist also der „All Hallows' Evening“, kurz Halloween.

Als in Irland die große Kartoffelpest wütete und Tausende verhungerten, brachten irische Einwanderer den Halloween-Brauch um 1850 nach Nordamerika, wo er bis heute seine Blüten treibt.

WER WAR JACK?

Jack, ein irischer Hufschmied und stadtbekannter Säufer, lief eines Abends – man sagt, es war an Halloween – in seiner Stammkneipe dem Teufel in die Arme. Der Teufel hätte den sturzbetrunkenen Jack gerne gleich mitgenommen, aber dieser bat noch um ein letztes Glas Guinness.

Der Teufel verwandelte sich in ein Geldstück. Aber anstatt damit sein Bier zu bezahlen, steckte Jack die Münze schnell in seinen Geldbeutel, in dem sich auch ein kleines silbernes Kreuz befand. Also hatte er den Teufel gefangen und nahm ihm das Versprechen ab, ihn zum besten Hufschmied der Gegend zu machen und ihm außerdem noch zehn Jahre auf Erden zuzugestehen. In seiner Not willigte der Teufel ein.

Zehn Jahre waren vergangen und Jack war reich geworden, hatte sich aber auch durch unredliche Geschäftspraktiken viele Feinde gemacht. Da begegnete ihm abermals der Teufel auf einer Landstraße. Jack sagte, er hätte noch einen letzten Wunsch und zwar einen Apfel von dem Baum neben der Straße. Der Teufel kletterte auf den Baum, weil er dachte, er hätte nichts zu verlieren. Da zog Jack sein Messer und ritzte ein Kreuz in die Rinde des Baumes. Schon wieder hatte er den Teufel überlistet, der grollend im Apfelbaum saß und nicht herabsteigen konnte. Der

Teufel versprach Jack dieses Mal, nie wieder nach dessen Seele zu trachten, und wurde dafür erlöst.

Viele Jahre später starb Jack, doch an der Himmelstüre wurde er wegen seiner Untaten abgewiesen. Als er in die Hölle kam, wollte ihn auch der Teufel nicht, denn er hatte ja versprochen, nie Jacks Seele in die Hölle zu bringen. Er empfahl Jack stattdessen dahin zu gehen, wo er hergekommen war: auf die Erde. Und weil die Nacht düster und stürmisch war, gab er ihm eine ausgehöhlte Rübe mit einem Licht. Seitdem wandert Jack O'Lantern bis zum Jüngsten Gericht als Irrlicht über die Erde und kann keine Ruhe finden.

Eine blühende Fantasie und ein scharfes Messer verwandeln Kürbisse jedweder Form in schaurige Leuchten, die böse Geister fern halten.

WER HAT DEN KÜRBIS AUSGEHÖHLT?

Die irische Kartoffelpest in den Jahren 1845 bis 1850 trieb Tausende in die Emigration. Nach Nordamerika ausgewanderte Iren brachten auch den Halloween Brauch aus der alten Heimat mit. Im weit verbreiteten amerikanischen Kürbis fanden die Einwanderer einen würdigen Ersatz für die sonst verwendeten weißen Rüben. Der Kürbis war auch wesentlich leichter zu be- und verarbeiten. In den Vereinigten Staaten reifte die Technik des Kürbisaushöhlens zur Perfektion. An Halloween werden alljährlich Wettbewerbe veranstaltet, an denen Kürbis-Künstler ihr erstaunliches Können unter Beweis stellen. Der geschnitzte Kürbis gilt als das wichtigste Symbol des Halloween-Festes. Vor der Haustüre aufgestellt, soll er die bösen Geister der Nacht verscheuchen.

VAMPIRTREFFEN IN DER GRUFT

EIN RAUSCHENDES FEST MIT „BISS“

Vom jahrelangen Liegen im engen Sarg werden nicht nur die Glieder steif, man wird auch furchtbar träge. Aber in diesem Herbst raffen sich alle Blutsauger auf und eilen von nah und fern zum großen Vampirtreffen in der Gruft des Grafen Dracula. Niedrige Gewölbedecken und dunkle Ecken sorgen für zweifelhafte Gemütlichkeit. Spärliche, gut verteilte Lichtquellen erleuchten das marode Ambiente des unterirdischen Bauwerkes.

Der edle Graf Dracula hat wirklich weder Kosten noch Mühen gescheut, um seine meist adeligen Gäste gebührend verwöhnen zu können.

Die Speisen des opulenten Buffets sind auch so richtig nach dem Geschmack der Vampire: Hauptsache blutig!

Dass hier schon ein paar hundert Jahre keiner mehr sauber gemacht hat, stört keinen. Und so liegt millimeterdick der Staub auf den Kerzenleuchtern, das Tafelsilber ist mehr als fleckig und so manches Spinnennetz hängt von der Decke herab in die Teller.

Zur Begrüßung wird jedem Gast ein blutiger Cocktail gereicht, der die Lebensgeister weckt. Spätestens wenn nach dem makaberen Mahl die ersten skurrilen Spielchen gespielt werden, ist das Eis der Jahrhunderte gebrochen. Wenn die bissige Vampirmeute schließlich das Tanzbein schwingt, lockert sich auch das letzte steife Gelenk.

So gefällt es den Vampiren: blutige Gläser für edle Tropfen. Diese Schmuckstücke sind schnell selbst gemacht (siehe Seite 16) und sehr wirkungsvoll.

EINLADUNGSKARTE

Herstellung:
Die Fledermaus-Vorlage (siehe Seite 62) abpausen, an der Mittellinie spiegeln und eine Schablone anfertigen. Auf den Tonkarton übertragen und ausschneiden. An der Falzlinie mit Lineal und Cutter einritzen und nach innen knicken. Sie können die Karte mit rotem Lackstift beschriften oder den Text mit dem Computer absetzen und aufkleben. Die Augen werden mit Lackstift aufgemalt.

Material:
- Papier zum Abpausen
- Bleistift
- Schere
- schwarzer Tonkarton
- Lineal
- Cutter
- roter Lackstift

RAUMDEKORATION

Wer keine Gruft hat, und das werden die meisten sein, der macht sich eine. Dazu benötigen Sie hauptsächlich schwarzes Krepp-Papier, stabile Schnur, eventuell einige Nägel, silbernes Lackspray, schwarzen Tonkarton und ein paar Nachttischlampen mit grünen und roten Glühlampen.

Und so wird's gemacht: Spannen Sie eine Hand breit unter der Zimmerdecke in einem Abstand von ca. 1,20 m Schnüre durch den Raum. Dazu müssen Sie eventuell ein paar kleine Nägel in die Wand schlagen. Vielleicht haben Sie aber auch Bilder aufgehängt, deren Nägel Sie verwenden können. Auch Vorhangstangen sind gute Befestigungsmöglichkeiten. Über die Schnüre führen Sie die Kreppbahnen und lassen diese etwas durchhängen.

Benutzen Sie unbedingt schwer entflammbares Krepp-Papier! Die herabhängenden Enden der Papierbahnen verkleiden gleichzeitig Wände oder Schränke.

Schneiden Sie das Fledermausmotiv der Einladungskarte in verschiedenen Größen (Papierschablone vorher auf Kopierer vergrößern) aus Tonkarton aus. Mithilfe dieser Karton-Schablonen und silbernem Lackspray zaubern Sie fliegende Fledermäuse an die schwarzen Wände. (Nicht die Einrichtung ansprühen!) Befestigen Sie dafür die Fledermausschablonen vorsichtig mit Stecknadeln am Hintergrund. Mit dem silbernen Lackspray sprühen Sie zweimal locker rundherum. Die frische Farbe kann etwas herabregnen. Schützen Sie daher den Boden mit altem Zeitungspapier.

Gut machen sich auch Fledermäuse, die aus schwarzem Tonkarton ausgeschnitten wurden und an Fäden von der Decke herabhängen.

Alle Arten von transparenten roten, violetten und schwarzen Stoffen eignen sich als zusätzliche Dekoration oder zum Verhüllen von Regalen, Sesseln und Blumentöpfen.

Der besondere Clou sind künstliche Spinnweben. Sie können ruhig übertrieben üppig dekoriert werden. Es gibt sie in verschiedenen Größen zu kaufen – Spinne inklusive. Die billigere, allerdings auch wesentlich klebrigere Alternative ist Zuckerwatte.

BELEUCHTUNG

So schön und stilvoll die Beleuchtung mit Kerzen ist, so gefährlich ist sie auch.

Kerzenschmuck am Tisch ist bei einem solchen Fest natürlich unerlässlich – solange eine Beaufsichtigung stattfindet.

Zur Beleuchtung des Raumes greifen Sie lieber auf Nachttischlämpchen (mit farbigen Glühbirnen) zurück, die z.B. unter dem Buffet aufgestellt werden. Von diesen Lichtquellen benötigen Sie eine ganze Menge, denn farbige Glühbirnen sind wenig lichtstark. Allzu düster sollte der Raum auch nicht sein. Besonders am Buffet und am Esstisch benötigen Sie ausreichend Helligkeit.

Basteln Sie sich aus schwarzem Tonkarton (50 x 70 cm) Zylinder (kurze Kante auf kurze Kante kleben), die Sie über kleine Stehlampen stülpen. So beleuchten Sie den ganzen Raum indirekt. Aus den Kartonzylindern können Sie vor dem Zusammenkleben Fledermäuse ausschneiden.

Achten Sie auch darauf, dass die Glühbirnen keinen direkten Kontakt mit brennbaren Materialien haben.

TISCHDEKORATION

Hier können Sie so richtig protzen. Immerhin findet das Fest ja beim Grafen (Dracula) statt. Für die Farbe der Tischdecke wählen Sie am besten Rot. Jede Art von Stoff ist möglich, am besten sieht jedoch Lackfolie aus. Darauf verteilen Sie Fledermaus-Tischsets, weiße Teller – möglichst alte – und vielleicht das gute Tafelsilber (bitte nicht vorher putzen!). Falls Ihnen edle Gläser zu schade sind, ist auch Senfkristall erlaubt.

So ein festlich gedeckter Tisch versetzt Ihre Gäste sicherlich in Staunen. Mit einer Hand voll Requisiten, Blumenschmuck und Kerzenschein sieht die Tafel viel aufwändiger aus, als sie es in Wahrheit ist.

Mit ein paar Spritzern roter Glasfarbe zaubern Sie gruselige Effekte auf billige Gläser. Ein besonderer Hingucker sind unsere Serviettenringe: Vampirgebisse zweckentfremdet.

Wer tolle Kerzenhalter hat, kann sie hier präsentieren. Die Mitte vom Tisch schmückt ein Bukett aus roten Nelken und weißen Rosen.

Als Sitzgelegenheit wählen Sie idealerweise alte Stühle. Wer sich zu modern eingerichtet hat, hat jetzt das Nachsehen. Aber keine Bange: Verhüllen Sie Ihre Designer-Sitzmöbel mit Stoff-, Papier- oder Folienbahnen und die Gesamtoptik stimmt wieder.

Im selben Stil können Sie auch das Buffet schmücken und dekorieren. So passt alles bestens zusammen.

GRAF DRACULA

Passt Ihnen Ihr Hochzeits- oder Konfirmationsanzug noch? Das wäre perfekt! Jeder andere schwarze Anzug ist natürlich auch möglich und mit wenigen Mitteln werden Sie zum Geschöpf der Nacht. Sie brauchen weiterhin

- ein weißes Hemd
- eine schwarze Fliege
- schwarze Schuhe
- evtl. weiße Handschuhe
- einen Umhang wie auf Seite 18 beschrieben
- ein Vampirgebiss

Für die Maske:

- wasserlösliche Theaterschminke in Schwarz, Rot und Weiß
- Gel für die Haare

Die Haare des Grafen werden mit Gel und Kamm nach hinten frisiert. Das Gesicht wird mit einem Schwämmchen und weißer Schminke tupfend grundiert. Bemalen Sie die Augenlider mit einem Pinsel schwarz. Unter den Augen wird ein breiter roter Strich gezogen. Die Lippen werden rot und sehr schmal geschminkt. Ein kleiner Blutstropfen läuft vom Mundwinkel herab. Nur noch Gebiss, Fliege und Jacket – und der Graf ist fertig.

UMHANG FÜR GRAF DRACULA

Um den dramatischen Auftritt des Grafen zu perfektionieren, brauchen Sie unbedingt ein stilechtes Cape. Aus geraden Stücken gefertigt ist es in ca. 3 Stunden fertig.

Zuschneiden:

- 2 Capeteile in Lila, je 190 cm lang, 137 cm weit
- 2 Capeteile in Schwarz, je 190 cm lang, 137 cm weit

Beachten Sie: alle Teile mit Naht und Saumzugaben zuschneiden.

Nähen:

Capeteile (lila Stoff) rechts auf rechts legen, zwei 190 cm lange Kanten aneinander steppen = rückwärtige Mittelnaht. Den Vorgang mit den schwarzen Capeteilen wiederholen. Nähte ausbügeln.

Sie haben nun ein schwarzes und ein lila Capeteil. Bei beiden Teilen einen Saum steppen. Die Teile rechts auf rechts legen, heften und seitliche und obere Kanten absteppen. Unten bleibt das Cape offen, es fällt dann schöner. Nun das Cape wenden, die Nähte müssen jetzt innen sein.

Anschließend die Nähte ausbügeln und für eine saubere Optik 2 mm vom Rand entfernt absteppen. Für den üppigen Kragen schlagen Sie einen 40 cm breiten Rand um und heften ihn fest. Nun für das Gummi einen Tunnel (ca. 2 cm breit) absteppen. Das Gummi durchfädeln (Vorsicht: mit einer Sicherheitsnadel fixieren) und an beiden Enden von Hand festnähen. Zum Schluss das Taftband in

Sie brauchen:

- 3,90 m Satin in Lila
- 3,90 m Satin in Schwarz
- 0,55 m Gummiband (1 cm breit)
- 2,80 m Taftband (6,5 cm breit)

So perfekt ausgestattet haben Sie garantiert den gewünschten dramatischen Auftritt.
Das Cape – hier aus Satin genäht – hat ein respektables Gewicht und fällt dadurch auch sehr schön. Leichter sind Faschings- oder Baumwollstoffe.

zwei gleich große Stücke teilen und jeweils an der oberen rechten und linken Kragenkante festnähen.

Die Länge dieses Umhangs ist für eine 1,80 m große Person gedacht. Für kleinere Leute muss der Umhang entsprechend gekürzt werden.

NACHT DER GEISTER UND GESPENSTER

WIE MAN SICH SO RICHTIG GRUSELT

Seltsame Dinge gehen vor sich. Schatten tauchen auf und verschwinden spurlos im Nichts. Ein kühler Lufthauch aus undefinierbarer Richtung, der die Lichter zum Flackern bringt und schließlich auch noch eine eiskalte Hand im Genick – das ist Gänsehaut pur!

Knochenmänner, Gespenster und Geister der Nacht treffen sich zu ihrem albtraumhaften Reigen. Die Gemeinde der Poltergeister hat zum alljährlichen Fest am Friedhof geladen.

Alle Gestalten scheinen durch den dunklen Raum zu schweben, Nebelschwaden huschen lautlos durch die Luft. Und wieder zerreißt ein mark- und beinerschütterndes Heulen die gespenstische Stille!

Ab und zu blitzt ein weißes Gewand im fahlen Mondlicht, wenn sich die Gäste über das fantasievolle Buffet hermachen. Hier muss man rasch zugreifen, bevor das ganze Essen davongekrabbelt ist! Seltsam, dass sich die Spaghetti von selbst um die Gabel winden!

Nur Glühwürmchen beleuchten sporadisch diese Szene auf dem nächtlichen Gottesacker.

Ständig hat man das Gefühl, jemand stehe hinter einem. Doch wenn man sich umsieht, blickt man in die Dunkelheit. Hat da nicht gerade etwas geschmatzt? Zartbesaitete sollten einen riesigen Bogen um diesen Ort machen ...

Wer weiß, welche Überraschungen der Ort noch bereithält! Vielleicht taucht ein Werwolf auf, der – wie schon im letzten Jahr – die Speisetafel plündert, oder der berühmte Mann ohne Kopf (auch ein Bekannter des Werwolfs) ...

Wenn die Ketten rasseln und die Poltergeister poltern, ist es Zeit für ein Tänzchen – nur nicht so hastig, sonst verrutscht dem Skelett noch ein Knochen! Vielleicht kann sich die kühle Gesellschaft ja für ein paar schöne Spiele erwärmen?

EINLADUNGSKARTE

Material:

- Tonkarton in Hellgrau
- Schere
- Klebstoff
- evtl. Lackstift zum Beschriften

Für die Karten benötigen Sie Tonkartonstreifen in den Maßen 30 x 10,5 cm (pro Karte einen Streifen). Falzen Sie den Karton nach 21 cm und knicken Sie das Ende nach innen um.

Der Totenkopf von Seite 63 wird kopiert, ausgeschnitten und auf die Karte geklebt. Der Kopf lugt etwa zur Hälfte hinter dem umgeknickten Ende hervor.

Die schriftliche Gestaltung mit Ihrem individuellen Einladungstext kann sowohl mit dem Computer als auch mit der Hand erfolgen.

Halten Sie die Gestaltung der Einladungskarte so einfach wie möglich, denn Sie sollten bedenken, dass Sie je nach Anzahl der Gäste unter Umständen sehr viele Exemplare herstellen müssen.

Kleine Gespenster aus Küchenkrepp können mit Fingerspitzengefühl in Form gezupft werden. Kombiniert mit Frischhaltefolie ist dieser Zimmerschmuck nicht nur besonders effektvoll, sondern auch preisgünstig.

RAUMDEKORATION

An Halloween sind die Außentemperaturen meist nicht für ein Fest unter freiem Himmel geeignet, daher hole man sich die Vollmondnacht ins Haus. Eine dunkle Raumatmosphäre erzeugen Sie, wie bereits im Kapitel „Vampirtreffen“ beschrieben, mit schwarzem Krepp-Papier. Die Vollmondscheibe (Ø 50 cm) schneiden Sie aus blassgelbem Tonpapier. Sie brauchen weiterhin weiße, schwarze und transparente Stoffe, Papiere und Folien (z. B. Bettlaken, Müllsäcke, Verpackungsfolien), die gespenstisch im Raum verteilt, drapiert und angeordnet werden. Gut geeignet ist auch Frischhaltefolie, die in Bahnen von der Decke hängt und dem Gast sanft übers Gesicht streichen kann. Je leichter das verwendete Material, desto besser. Dünne Stoffe bewegen sich beim leisesten Windhauch. Wer einen elektrischen Ventilator besitzt, kann diesen durchaus effektvoll einsetzen. Oder lassen Sie einfach ein Fenster gekippt – das sorgt für Frischluft und Windhauch. Beachten Sie allerdings, dass sich die Gäste nicht unnötig in der Dekoration verfangen und alles herunterreißen.

Die Vollmondnacht hüllt sich in effektvolle Nebelschwaden. Erzeugt werden sie von einer Rauchmaschine, einem handlichen Gerät, das man bei Ausstattern z.B. für Open Air Festivals für ca. 25 Euro am Tag leihen kann. Eine Ausgabe, die sich lohnt.

BELEUCHTUNG

Bei all dem Geschwebe sollten Sie auf keinen Fall mit offenem Feuer, also mit Kerzen, beleuchten. Greifen Sie lieber auf elektrisches Licht zurück und beachten Sie auch hier, dass Glühbirnen sehr heiß werden können. Gut geeignet und ausgesprochen effektvoll sind Ketten oder Netze aus Mini-Lichtern. Sie sehen wie Glühwürmchen aus und lassen sich zudem mit lustigen, selbst gemachten Gespensterchen verzieren. Wer es so richtig professionell mag, der verwendet zur Beleuchtung unter anderem Schwarzlicht, das die weißen Gerippe und Geister leuchten lässt. Eine Disco-Spiegelkugel mit Spots beleuchtet streut Lichtpunkte durch den ganzen Raum. Vielleicht haben Sie etwas davon in Ihrem Fundus.

GESPENSTER-LICHTERKETTE

Bohren Sie, z. B. mit der Schere, in jeden Ball ein Loch, das etwas kleiner ist als der Durchmesser eines Mini-Lichts. Packen Sie nun jeden Tischtennisball in ein Blatt Küchenkrepp und binden Sie das Ganze unterhalb des Balls mit Faden ab. Achten Sie darauf, dass das Loch des Tischtennisballes am Scheitel des Gespenstes ist. Die Lämpchen der Mini-Lichterkette stoßen Sie anschließend durch das Papier der Tischtennisbälle.

Material:

- weiße Tischtennisbälle (billigste Sorte)
- Schere
- ungemusterter Küchenkrepp
- weißer Bindfaden

TISCHDEKORATION

Die vorherrschenden Farben sollten wie schon zuvor Weiß, Schwarz, Transparent und evtl. auch Blau sein. Eine schwarze Lacktischdecke bildet die Basis für die Dekoration. Tolle Effekte erzielen Sie auch mit Holografiefolie, die Sie auf der Rolle oder als Bogenware kaufen können. Verteilen Sie die nach der Vorlage von Seite 63 ausgeschnittenen Totenkopf-Tischsets auf dem Tisch und decken Sie mit weißen oder sogar gläsernen Tellern. Das Besteck ist aus kühlem Edelstahl oder – wenn Sie bei der Farbe Weiß bleiben möchten – aus Plastik. Als Trinkgefäße eignen sich transparente Gläser aller Art, je nachdem, was Sie servieren möchten. Vielleicht schlummern in Ihrem Gläserschrank auch besonders geformte oder geschliffene Exemplare?

Wenn Sie Ihre gespenstischen Gäste verwöhnen möchten, wählen Sie weiße Stoffservietten. Das macht zwar hinterher mehr Arbeit, aber was tut man nicht alles ...

Sparsam verwendete Farben setzen interessante Akzente am Tisch. Große Gummispinnen vervollständigen das gruselige Ambiente.

Als Dekoration für die Tischmitte und als gleichzeitige Lichtquelle haben wir ein rätselhaftes Gebilde aus Folie und Mini-Lichtern entworfen. Dabei kann es sich z. B. um ein in sich zusammengesunkenes Gespenst handeln, oder vielleicht sehen Ihre Gäste darin Glühwürmchen in Aspik? Auf alle Fälle ist es ziemlich merkwürdig und somit hat das Objekt schon seinen Zweck erfüllt.

Verhüllen Sie Sitzgelegenheiten mit weißen Laken (bitte keine Spann-Bettlaken!) oder Folie. Preiswert und bestens geeignet sind dünne Malerfolien und schwarze Müllsäcke. Diese Materialien können Sie auch für die Gestaltung des Buffets einsetzen.

Haben Sie schon mal Knabbergebäck in Särgen serviert? Wir waren hocherfreut, dass es im Handel sogar Kartoffelchips in Geisterform gibt.

TISCHSARG AUS EIERKARTONS

Die Deckel der Eierkartons werden mit mehreren Lagen Zeitungspapier und Tapetenkleister so aneinander montiert, dass sie auf- und zugeklappt werden können. Die störenden Löcher in den Deckeln werden ebenfalls mit Kleisterpapier kaschiert. Nach dem Trocknen wird der Sarg mit Sprühfarbe überzogen. Ein Kreuz aus Tonkarton wird aufgeklebt und das Innere mit Alufolie ausgekleidet. Das ist wichtig, da der Pappsarg mit Lebensmitteln gefüllt wird. Eierkartons haben den schlechten Ruf, mögliche Salmonellenträger zu sein. Verzichten Sie also aus Sicherheitsgründen nicht auf die Alufolie.

Material:

- pro Sarg 2 Eierkartondeckel
- Zeitungspapier, Tapetenkleister
- Sprühfarbe in Rot oder Schwarz
- Tonkarton in Rot oder Schwarz
- Schere, Klebstoff
- Alufolie

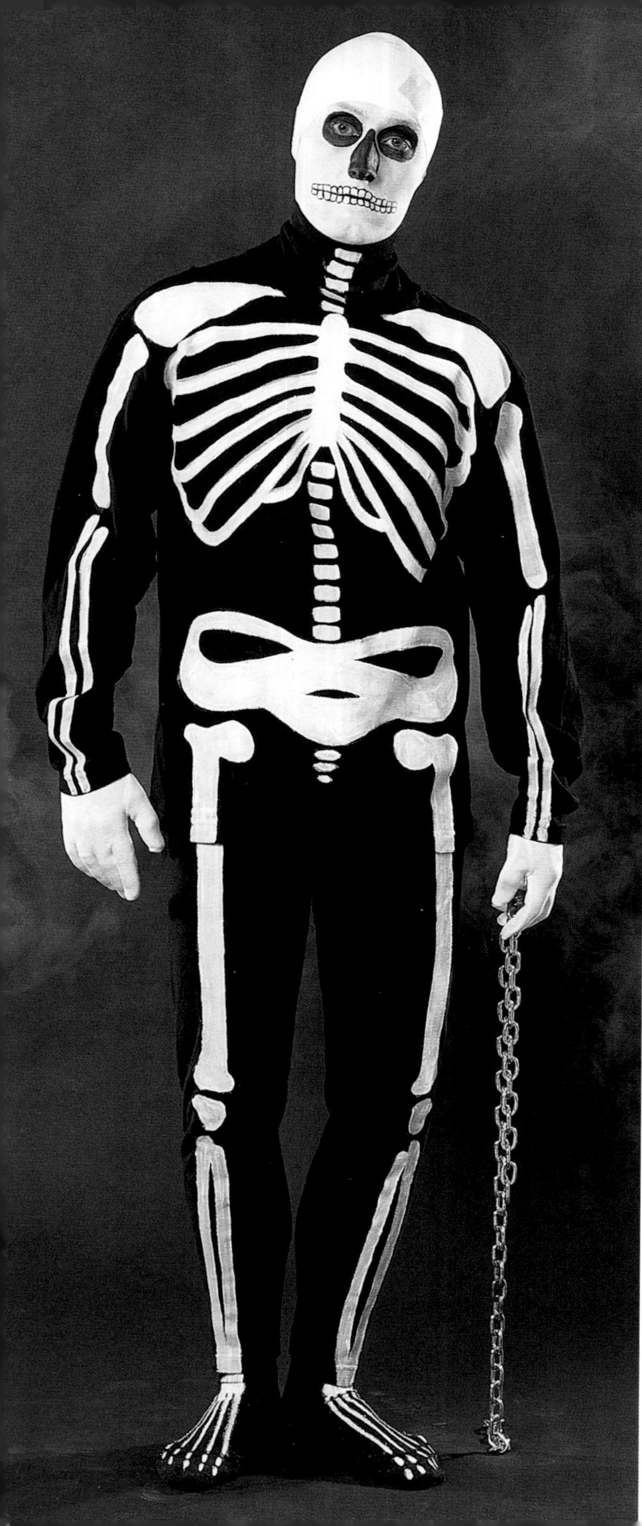

KNOCHENMANN

Wenn Sie Glück haben, brauchen Sie für diese Verkleidung gar nichts einzukaufen – außer der Schminke und den weißen Handschuhen vielleicht.

Mit folgenden Zutaten werden Sie zum Gerippe:

- ein alter schwarzer Rollkragen-Pullover
- eine alte schwarze Leggings
- schwarze Socken oder Hüttenschuhe, Gymnastik- oder Stoffschuhe
- eine weiße Silikon-Badekappe (möglichst ohne Aufdruck)
- weiße Handschuhe
- weiße Dispersionsfarbe, Pinsel
- weiße Kreide zum Markieren

Für die Maske:

- wasserlösliche Theaterschminke in Weiß und Schwarz

Ziehen Sie Pullover, Leggings und Socken an. Lassen Sie sich mit Kreide von jemand anderem grob die Lage Ihrer Knochen markieren. Wichtig sind z. B. die Schlüsselbeine, die Lage der Rippen und des Beckens, die Ellenbogen, die beiden Knie und die Knöchel.

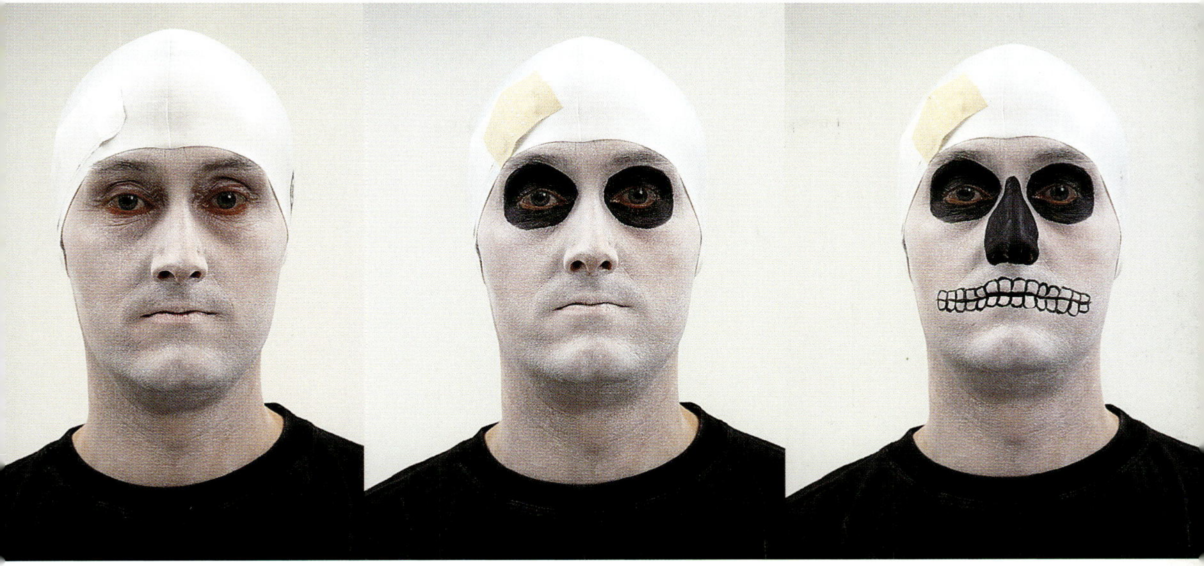

Legen Sie die Kleidungsstücke flach auf eine Zeitungsunterlage und malen Sie mit weißer Dispersionsfarbe und einem ca. 1 cm breiten Pinsel die Knochen auf. Achten Sie darauf, dass die Farbe nicht zu flüssig ist. Sie sickert sonst durch den Stoff und beim Trocknen kleben die Vorder- und Rückseiten der Kleidungsstücke zusammen. Eventuell können Sie auch sicherheitshalber mehrere Lagen Zeitungspapier in das zu bemalende Bekleidungsteil schieben. Weiß auf schwarz deckt unter Umständen nicht auf Anhieb. Wir mussten die Knochen einmal übermalen, damit sie richtig weiß wurden. Die Bemalung der Bekleidung kann vorne und hinten übrigens identisch sein.

Unter der weißen Badekappe können Sie ganz gut längere Haare verbergen. In diesem Outfit wird Sie garantiert niemand erkennen.

Setzen Sie die Badekappe auf und grundieren Sie das Gesicht mit einem Schwämmchen weiß. Malen Sie schwarze Kreise um die Augen. Auch die Nase wird schwarz bemalt. Mit einem dünnen Pinsel ziehen Sie mit schwarzen Linien die Mundwinkel nach außen. Jetzt nur noch die Zähne aufmalen.

HEXENSABBAT AM BLOCKSBERG

EIN ZAUBERHAFTES FEST WIE AUS DEM HEXEN-LEHRBUCH

Kreischend und wild johlend strömen einmal jährlich Hexen aus allen Himmelsrichtungen zum großen Tanz am Blocksberg.

Daran teilzunehmen ist aller Hexen Ziel, und so lässt sich jede etwas Besonderes einfallen, um von der Türsteher-Hexe überhaupt eingelassen zu werden. Gute Chancen haben Teilnehmerinnen mit besonders hässlichen Gesichtern oder mit überlangen Nasen und Fingernägeln. Auch nicht schlecht sind auffallend schlampige Kleidung, verbogene Hüte, Tattoos und Körperschmuck. Ein absolutes Muss ist der Hexen liebstes Gefährt: ein Besen.

Bunte Lichter und der Schein des großen Feuers erhellen die fratzenhaften Gesichter der Eingelassenen. Borstige Besen, wirre Haare und spitze Kopfbedeckungen ragen überall aus der infernalischen Menge. Raben, Eulen, Ratten und Katzen flattern und springen kreuz und quer – wie soll man hier den Überblick behalten?

Gemütlich sind diese Damen wirklich nicht, eher schrill und schräg. Sogar die älteren Teilnehmerinnen geben sich nicht die geringste Mühe, die Würde des Alters auszustrahlen. Man kann sich nur wundern über diese obskuren Gestalten. Ein paar wenige mutige Hexenmeister und Höllenzauberer haben sich auch unter diesen Weiberhaufen gemischt. Schließlich will man ja die Männer nicht ausgrenzen …

Niemanden störts, wenn auf der grellen Tafel kein Stück zusammenpasst und sich auf dem Buffet Speisen finden, die man nicht unbedingt der guten Hausmannskost zurechnen würde oder die man höchstwahrscheinlich nur einmal essen kann, wie diese netten Pilze mit den roten Hüten ...

Längst ist der Besenparkplatz wegen Überfüllung geschlossen. Die Wächter, schon lange nicht mehr Herren der Lage, haben sowieso längst das Weite gesucht. Dröhnend und polternd vertreibt sich die wilde Meute mit derben Späßen und rasanten Tänzen die Zeit. Reihum muss jede der Hexen einmal höhnischen Spott über sich ergehen lassen.

Weithin tönt lautes Gekichere und Geschnattere in die endlose Stille der Nacht.

Ein mit Lackstift geschriebener Text muss extra lange trocknen, sonst kleben die Seiten der Einladungskarte zusammen.

EINLADUNGSKARTE

Für Klappkarten in den Maßen 21 x 10,5 cm brauchen Sie Tonkartonstreifen in den Maßen 42 x 10,5 cm, die Sie in der Mitte falzen. Übertragen Sie die Katze von Seite 63 mittels Pauspapier auf Tonkarton und stellen Sie eine Schablone her, indem Sie die Katze ausschneiden.

Sprühen Sie das Katzenmotiv mehrmals auf die Karte. Legen Sie dabei mehrere Lagen Zeitungspapier unter. Je nach Gestaltungsidee kann das Motiv auch angeschnitten werden. Nach dem Trocknen wird die Form mit Goldstift umrandet. Für das Hexenthema wirkt eine handschriftliche Gestaltung mit Farb- oder Lackstiften besonders lebendig.

Material:

- Tonkarton in Hellgrün, Lila, Gelb usw.
- Papier zum Abpausen
- Bleistift
- Schere
- Sprühfarbe (z.B. *do it* von Marabu) in Grün
- Fun Liner oder Lackstift in Gold

RAUMDEKORATION

Wie stellen Sie sich das Innere eines Hexenhauses vor? Bestimmt nicht eintönig! Bitte schrill und bunt heißt hier die Devise. Schwer entflammbares Krepp-Papier erhalten Sie in allen Farben. Hiermit können Sie Wände und Decken verkleiden, z. B. so wie im Kapitel „Vampirtreffen" beschrieben. Stoffreste, Tüll, Folien – alles ist geeignet, den Raum auszuschmücken.

Es darf auch ruhig ein bisschen rustikal sein: Wenn Sie eine holzgetäfelte Wand haben, sind Sie aus dem Schneider. Auch ein offener Kamin oder ein Kachelofen passt tadellos zum Hexen-Ambiente. Offene Dachbalken, Bücherregale (nur nicht zu ordentlich!) und schwere Vorhänge sind echte Pluspunkte. Wer selbst Jagdtrophäen oder aus-

gestopfte Tiere hat bzw. sich leihen kann, braucht nicht mehr viel in die Dekoration zu investieren. Wer aber eine nüchterne Designerwohnung hat, dem steht bei diesem Fest richtig Arbeit bevor.

BELEUCHTUNG

Der Clou wäre ja ein offenes Lagerfeuer. Leider ist es in der guten Stube nicht zu realisieren – es sei denn, man hat den bereits zuvor erwähnten offenen Kamin.

Die perfekte Illusion des Feuerscheins bieten die allseits beliebten Salzkristall-Leuchten. Sicherlich können Sie sich ein paar zusammenborgen. Sehr gut geeignet sind auch die in den 70-er Jahren berühmt gewordenen und jetzt wieder auferstandenen „Lava-Lampen".

Mit bunten Katzen aus Karton peppen Sie die Wände Ihres „Hexenhauses" auf (Vorlage Seite 63).

Ersetzen Sie alle weißen Glühbirnen im Raum durch farbige Glühbirnen. Als Tischbeleuchtung dienen mit Glasfarbe bemalte oder mit buntem Drachenpapier beklebte Gurken- und Einmachgläser, in denen Teelichter brennen. (Tipp: Eine ca. 1 cm dicke Sandschicht am Boden des Einmachglases verhindert ein Umherrutschen des Teelichts.)

Mini-Lichterketten, die wir schon für die „Nacht der Geister und Gespenster" vorgeschlagen haben, sind auch mit bunten Lämpchen erhältlich und bestens zur Beleuchtung des Hexensabbats geeignet.

TISCHDEKORATION

Setzen Sie die bunte Linie fort. Als Tischtuch dient eine Lacktischdecke in mystischem Violett. Andere Materialien außer Lackfolie sind natürlich auch möglich. Darauf verteilen Sie Katzen-Sets, die aus verschiedenfarbigem Tonkarton ausgeschnitten wurden. Teller, Besteck und Gläser sind aus Restbeständen zusammengewürfelt.

Die interessanteste Mischung entsteht, wenn jede Hexe ihr Trinkgefäß, ihr Essbesteck und ihren Teller selbst mitbringt. Diese von Grillpartys bekannte Sitte erspart Ihnen viel Arbeit, denn Hexen sind von Natur aus faul. Besonders schräg sind unsere Servietten„ringe“: Die fächerförmig gefalteten Servietten in Mausefallen festklemmen.

Mitgebrachte Besen können sehr effektvoll in Schirmständern oder in umgedrehten Pfandkisten für Wasserflaschen „geparkt“ werden.

Für Hexen mit besonders schlechten Tischsitten bieten sich als Servietten auch bunte Schwammtücher an.
Als Dekoration für die Tischmitte eignen sich natürlich Besen aller Art und die schon im Abschnitt „Beleuchtung“ beschriebenen Lichter aus Gurkengläsern.

Sollten Sie noch Lust auf Blumenschmuck haben, können Sie getrocknete Kräuter zu Sträußen binden oder etwas wirr aussehendes Grünzeug wie Salat- oder Bubiköpfe, Kohlrabi- und Rettichblätter in Vasen stellen.

HEXE

Das Hexenoutfit ist schnell herbeigezaubert:

- ein schwarzes Oberteil
- ein bunter Sommerrock
  (alternativ: ein schwarzer Gürtel, an den Sie dicht an dicht bunte Tüllfetzen knoten/tackern/nähen)
- schwarze Strümpfe
- schwarze Schuhe
- ein Besen
- Hexenfingernägel oder schwarzer Nagellack
- ein selbst gemachter spitzer Hut, wie auf der nächsten Seite beschrieben

Im Handel erhältliche Hexenfingernägel werden mit doppelseitigem Klebeband befestigt und halten erstaunlich gut.

Für die Maske:

- eventuell eine langhaarige Hexenperücke
- sehr heller oder weißer Gesichtspuder
- Lidschatten in Violett, Grün und Schwarz
- Kajalstift in Schwarz und Grün
- knallig roter Lippenstift

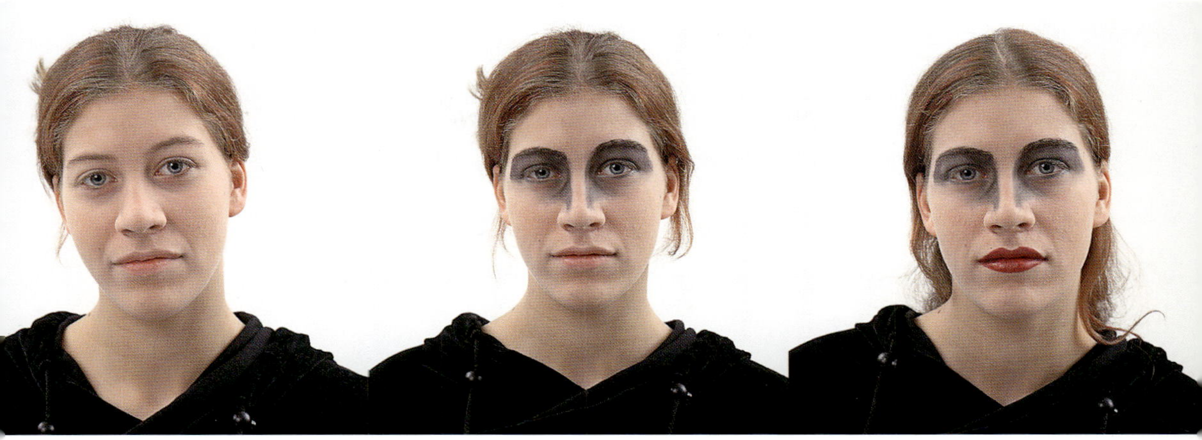

HEXENHUT

Legen Sie vier auseinander gefaltete Lagen Zeitungspapier aufeinander und rollen Sie sie zu einer schmalen Spitztüte. Fixieren Sie das Ende mit Kleber, damit die Tüte nicht wieder aufgeht. Rollen Sie den unteren Rand der Spitztüte hoch, bis sie auf Ihren Kopf passt.

Legen Sie fünf Zeitungsseiten aufeinander, um die Krempe des Hutes zu formen. Rollen Sie die äußeren Ränder ringsum ein und tackern Sie sie fest. Stellen Sie die Hut-Spitztüte auf die Krempenmitte und umfahren Sie sie mit einem Stift. Teilen Sie den entstandenen Kreis wie einen Kuchen und schneiden Sie die Linien von der Mitte bis zur Kreislinie ein. Stecken Sie die Spitztüte von unten durch die Krempe und kleben Sie sie gut fest. Der Hut wird nach dem Trocknen schwarz bemalt. Wenn Sie möchten, können Sie ihn noch mit einer violetten Tüllschärpe schmücken.

Das Gesicht wird mit hellem Makeup geschminkt und gepudert. Tragen Sie violetten Lidschatten auf beide Oberlider bis zu den Brauen auf. Der Violett-Ton zieht sich auch seitlich an der Nase herab. Der Nasenrücken bleibt frei. Die Augenbrauen werden schwarz betont. Ein schwarzer Kajalstrich am unteren Lidrand und knallroter Lippenstift runden die Maske ab.

Material:
- Zeitungspapier
- Alleskleber oder Klebeband
- Büro-Tacker
- Stift
- Schere
- schwarze Farbe

VOLLMONDFEST AM KÜRBISFELD

TIPPS FÜR EINE GRUSELFETE IN HALLOWEEN-TRADITION

Diese Nacht steht vor allem im Zeichen des unheimlichen Jack O'Lantern, der mit einer schrecklichen Kürbisfratze dazu verdammt ist, an Halloween umzugehen. Am Kürbisfeld treffen sich heute alle seine Kumpel. Gestalten, die nicht zu den Lebenden und nicht zu den Toten gehören. Geister, Trolle und Gnome, Hexen und Henker, Vampire und Werwölfe, Skelette und Monster. Das wird ein sehr skurriles Fest, wo Außenstehende wirklich nichts zu suchen haben.

Zwischen den Feldrainen und am angrenzenden Waldesrand verbergen sich Ausgeburten der Hölle. Moderige Flechten hängen von knorrigen Ästen herab und Himbeerranken machen das Gelände unwegsam.

Die rustikale Tafel fügt sich gut in die erdige Atmosphäre. Robuste Trinkgefäße können selbst von klobigsten Tatzen gut gehalten werden. Nur schnell austrinken, denn die Ratten machen sich schon über den süßen Met her. Das Picknik-Buffet auf dem moorigen Acker hält undefinierbare Köstlichkeiten bereit. Gut, dass es so düster ist und man nicht alles genau erkennen kann ...

Das Kürbisfeld wird nur vom Vollmond und ein paar glühenden Augen hinter den Hecken erhellt. Als Jack O'Lantern die Gäste mit Spielen und Tanz unterhält, führt schüchtern Frankensteins Monster die zerfledderte Mumie auf die Tanzfläche.

Material:

- Tonkarton in Grün und Orange
- Papier zum Abpausen
- Bleistift
- Schere
- Klarsichtfolie
- Klebstoff
- schwarzer Filzstift

EINLADUNGSKARTE

Für eine Karte im Querformat brauchen Sie einen grünen Tonkartonstreifen in den Maßen 42 x 10,5 cm. Die Mitte wird gefalzt und geknickt. Dann wird die Kürbisform von Seite 62 abgepaust, auf die Klappkarte übertragen und ausgeschnitten. Lassen Sie dabei genug Platz für den Text.

Kleben Sie eine Klarsichtfolie von hinten gegen den Ausschnitt. Übertragen Sie das Kürbisgesicht auf orangen Karton und schneiden Sie es aus. Kleben Sie es anschließend so auf die Innenseite, dass es im Fenster zu sehen ist.

Dann kopieren Sie die Sprechblase von Seite 63, beschriften diese mit allen wichtigen Daten und kleben sie auf.

Für die typografische Gestaltung eignet sich eine etwas krakelige Handschrift besonders gut. Schreiben Sie nicht mit der gewohnten, sondern mit der anderen Hand.

RAUMDEKORATION

Einen moorigen Kürbisacker in Ihre gute Stube zu kippen, wäre wohl zu viel verlangt. Auch sind die Außentemperaturen am 30. Oktober selten für ein Gartenfest geeignet. Aber auch ganz normale Zimmer Ihrer Wohnung lassen sich stilvoll herrichten: Tüll- und Stoffbahnen in Grün- und Brauntönen ersetzen herabhängende Flechten und Moosbewuchs.

Ein aufgespanntes Tarnnetz verleiht den Raumwänden eine erstaunliche Dreidimensionalität. Eine Mühe, die sich lohnt!

Wiederum können Sie mit schwer entflammbarem Krepp-Papier Wände und Regale zuhängen, mit grünen Abdeckplanen (aus dem Baumarkt) Sessel und Tische verhüllen. Den tollsten Effekt erzielen Sie mit einem großen Tarnnetz. Solche Kostbarkeiten schlummern in so mancher Garage. Vielleicht haben Sie einen Bekannten bei der Bundeswehr, der Ihnen so ein Netz leihweise besorgen kann. Auch in Military-Shops müssten Sie fündig werden. Kombiniert mit einem Mini-Lichternetz ist so ein Tarnnetz wirklich perfekt für das Kürbisfest.

Waldesluft und Tannenduft zaubern Sie mit Frischluftsprays oder „Duftbäumen" (an der Tankstelle erhältlich) mit entsprechendem Aroma.

Fehlen dürfen auf keinen Fall die Kürbisse. Haben Sie vielleicht ein paar Exemplare aus dem eigenen Garten? Auf jeden Fall bekommen Sie in dieser Jahreszeit Kürbisse in allen Formen und Farben und in jeder gewünschten Menge.

Ein Halloween-Tisch in bester Tradition. Herbstliche Gartenfrüchte und selbst ausgehöhlte Jack O'Lanterns sind ein Muss auf dieser Tafel.

BELEUCHTUNG

Ausgehöhlt sind Kürbisse *die* Lichtquelle schlechthin. Denken Sie aber immer an die Sicherheit, wenn Sie den Raum mit Kerzen beleuchten.
An einem Jack O'Lantern aus Pappmaschee haben Sie auch noch lange nach Halloween Freude:

LEUCHT-KÜRBIS

Rühren Sie den Tapetenkleister nach Packungsangabe an. Zerreißen Sie Transparent- und Drachenpapier in handtellergroße Stücke.
Pusten Sie den Luftballon auf, kleistern Sie das Transparentpapier Stück für Stück ein und bekleben Sie den Luftballon damit in drei Schichten.

Darauf folgen zwei Schichten oranges Drachenpapier. Am dicken Ende des Luftballons kleben Sie noch die Käseschachtel als Standfuß an. Das Kunstwerk muss nun zwei Tage trocknen.

Dann verkleiden Sie die Käseschachtel mit einem Streifen grünem Papier. Zeichnen Sie mit Bleistift den gezackten Kürbisrand und das Gesicht auf den Pappballon. Schneiden Sie mit dem spitzen Cutter Augen und Mund des Kürbisses aus und trennen Sie den Deckel ab. Der Luftballon geht dabei kaputt und lässt sich leicht herauslösen.

Umranden Sie Augen, Nase und Mund mit schwarzer Farbe. Eine Kerze bringt Ihren Jack O'Lantern zum Leuchten.

Material:

- Tapetenkleister
- weißes Transparentpapier
- oranges Drachenpapier
- ein extra großer Luftballon
- die Hälfte einer Käseschachtel
- grünes Papier
- Bleistift
- Cutter
- schwarze Bastelfarbe und Pinsel

TISCHDEKORATION

Die Atmosphäre am Tisch ist die einer Landpartie – aber mit schaurigem Einschlag. Kröten, Ratten und Mäuse hüpfen kreuz und quer über den gedeckten Tisch. Wenn Sie Besitzer von Biertischgarnituren sind, dann können Sie diese jetzt aufstellen.

Auf die grüne Tischdecke setzen Sie zuerst die Kürbis-Platzsets. Auch Sackleinen (Rupfen, Jute) ist als Tischdecke gut geeignet. Die Teller werden diesmal durch Brotzeitbrettchen ersetzt und für die Suppe dürfen es Keramikschälchen oder derbe Terrinen sein. Stimmen Sie Besteck und Trinkgefäße möglichst auf den ländlichen Charakter der Tafel ab. Statt Servietten nehmen Sie Öko-Toilettenpapier.

Die Tischdekoration ist ein Kürbisarrangement im „Erntedank-Stil“. Dazu kommen schöne Kerzenleuchter. Verleihen Sie durch üppige Spinnweben der Szene einen leicht unappetitlichen Charme.

Die im Kapitel „Beleuchtung“ erwähnten ausgehöhlten Kürbisse können auch den Tisch und das Buffet effektvoll beleuchten.

Echtes Getreidestroh lässt sich als Dekoration ebenfalls gut am Tisch oder am Buffet verwenden. Leider macht es viel Dreck und Sie haben hinterher jede Menge zu putzen.

Wer so erscheint, steht sofort im Rampenlicht. Kaum zu glauben: Auch diese Verkleidung ist in kurzer Zeit selbst hergestellt.

HENKER

Der Anblick des Henkers ist nichts für schwache Nerven, die Herstellung dieses Kostüms ist jedoch fast ein Kinderspiel.

Für das Henkerkostüm brauchen Sie:

- Kapuze, Oberteil und Stulpen nach Anleitung genäht
- eine Axt, wie rechts beschrieben
- ein graues, braunes oder schwarzes Sweat- oder T-Shirt
- eine dunkle Hose
- dunkle Handschuhe
- passende derbe Schuhe

Sollten Sie die Kapuze doch einmal abnehmen, dann achten Sie darauf, dass Sie keinesfalls frisch rasiert sind oder gerade vom Frisör kommen. Schminken Sie sich die Augenhöhlen mit schwarzem Lidschatten dunkel.

HENKERKOSTÜM

Material:

- brauner Filz
- passendes Garn
- Schere
- Plusterpaste in Rot
- weiße Kreide

Stulpen nähen:
Eine Stulpe besteht aus einem quadratischen Stück Filz mit den Maßen 40 x 40 cm.

Damit die Stulpen über Hose und Stiefel passen, müssen Sie eine gewisse Weite haben. Messen Sie vorsichtshalber den Umfang des Beines plus Stiefel und Hose ab. Die Stulpe wird mit einer Naht geschlossen, der Rand wird zackenförmig eingeschnitten.

Schlagen Sie den oberen Rand um. Darunter kann, falls die Stulpe rutscht, unsichtbar ein Gummiband versteckt werden.

Der Kittel:
Dieses Kleidungsstück ist ganz schnell aus einem Rechteck genäht.

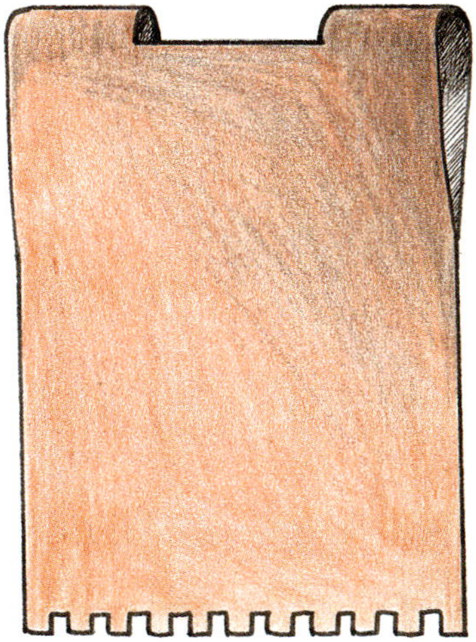

Messen Sie die Schulterbreite großzügig ab und geben Sie 10 cm dazu. Die Länge richtet sich nach der Körpergröße der Person. Messen Sie die Länge vom Schlüsselbein bis zum Anfang des Oberschenkels. Das ist die Länge des Kittels. Diese Länge wird doppelt genommen.

Da der Kittel aus einem Stück ist, brauchen Sie keine Schulternaht, sondern nur die Seitennähte zu schließen. Für den Kopf schneiden Sie einen rechteckigen Ausschnitt ein. Die untere Kante wird zackenförmig eingeschnitten und mit roter Plusterpaste nachgezogen. Wenn gewünscht, kann die Plusterpaste im Ofen aufgeschäumt werden.

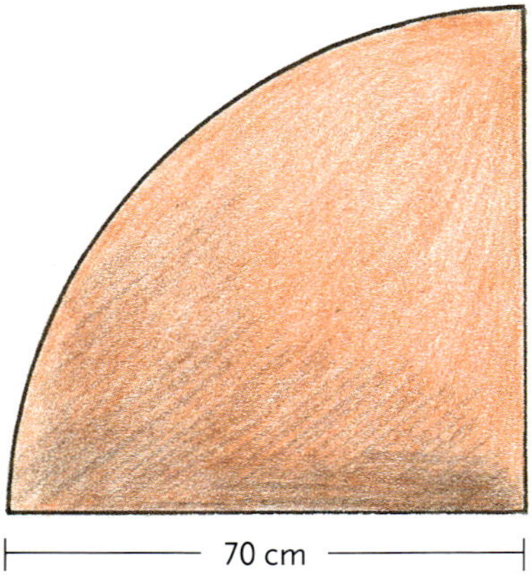

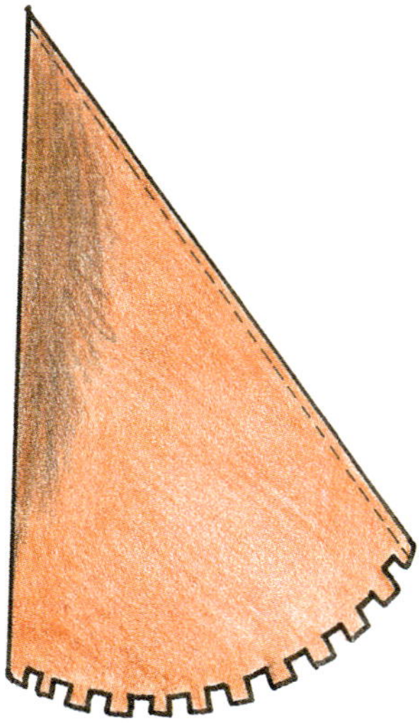

Die Mütze:

Die Mütze nähen Sie aus einem Viertelkreis mit einer Kantenlänge von 70 cm (siehe Abbildung links). Es ist hilfreich, sich einen Schnitt aus Zeitungspapier anzufertigen. Vor dem Zusammennähen wird der untere Rand zackenförmig eingeschnitten. Dann wird die Naht geschlossen und die Filztüte gewendet, sodass sich die Naht innen befindet.

Stülpen Sie sich die Mütze über den Kopf und markieren Sie von außen mit weißer Kreide die Augenhöhlen. Lassen Sie sich evtl. dabei von jemandem helfen. Nehmen Sie die Kappe auf jeden Fall ab, bevor Sie die Augenlöcher hineinschneiden.

Es wirkt übrigens sehr blutrünstig, wenn die runden Augenlöcher von roter Plusterpaste umrahmt werden. Auch entlang des zackig geschnittenen Randes können Sie eine Linie aus Plusterpaste aufsetzen.

Henkersbeil:

Material:

- dicke Wellpappe (z.B. ein Umzugskarton)
- graues Tonpapier
- Cutter
- ein Holz-Spatenstiel (Gartenbedarf)
- mehrere Reißnägel
- Alleskleber
- Aluminiumfolie
- rote Plakatfarbe
- Hanfschnur oder Bast
- Bastelleim

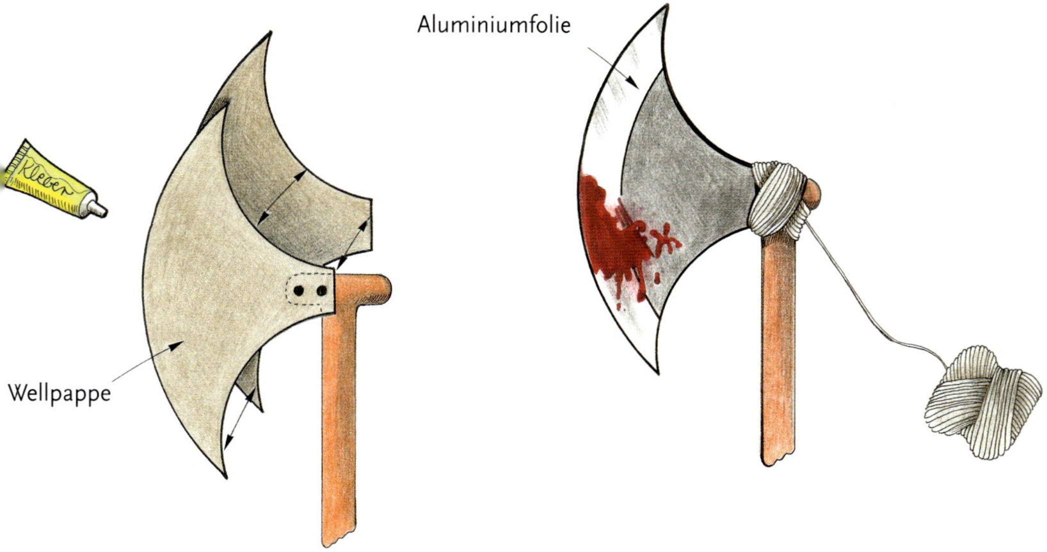

Schneiden Sie mit dem Cutter die Beilform A zweimal aus Wellkarton und die Beilform B zweimal aus Tonpapier aus.

Befestigen Sie die Formen A mit Reißnägeln vorne und hinten am Spatengriff und fügen Sie die Schnittflächen mit Alleskleber zusammen (Abbildung oben links).

Bekleben Sie die Beilformen beide mit Aluminiumfolie und dann mit den Formen B. Malen Sie rote Blutspuren auf (Abbildung oben rechts).

Wenn alles gut getrocknet ist, umwickeln Sie den Spatengriff dick mit Bast oder Hanfschnur, die Sie hinterher gut mit farblos trocknendem Bastelleim einstreichen sollten. Je besser Sie das Beil verarbeiten, desto haltbarer ist es. Als Waffe ist es natürlich dennoch nicht zu gebrauchen.

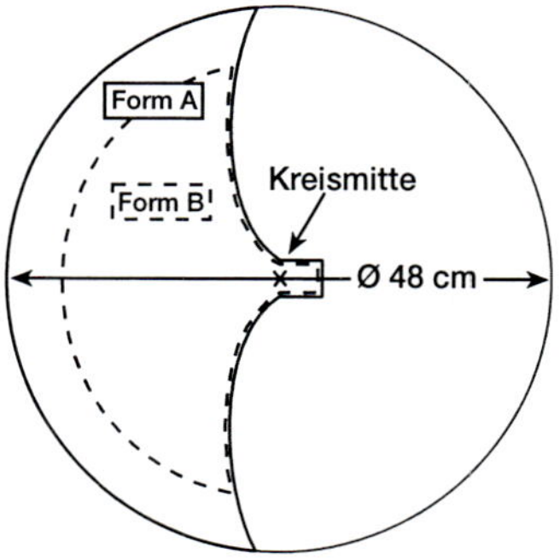

Das obige Schema zeigt, wie Sie den Beil-Kopf aus einem Kartonkreis schneiden. Verwenden Sie hierzu einen Cutter, denn unschöne Knicke in Wellpappe bleiben sichtbar.

REZEPTE FÜR DAS GRUSEL-BUFFET

ZWEIFELHAFTE PASTETE

Die Zwiebeln schälen, würfeln und in etwas Öl weich dünsten. Die Pilze in Scheiben schneiden, Rote Beete schälen, fein raffeln und alles zu den Zwiebeln geben. Fünf Minuten dünsten. Die Knoblauchzehe hineindrücken und alles mit Salz, Pfeffer, Dill und etwas Kümmel abschmecken. Die Crème fraîche unterrühren. Das Mehl über die Pilzmasse streuen und mit der Milch zu einer dicken Soße kochen. Den Topf vom Herd nehmen und noch ein klein geschnittenes hartes und zwei verquirlte rohe Eier unter die Masse rühren. Eine flache Pastetenform mit ausgerolltem Blätterteig auslegen und mit der Pilzsoße füllen. Pastete mit einem Deckel aus Blätterteig zudecken. Den Deckel und den Rand der Pastete mit Eigelb verkleben und ganz bepinseln. Als Verzierung dient ein aus Teig geschnittenes Fledermausmotiv. Im vorgeheizten Ofen 40 Minuten backen.

Zutaten:

2 Zwiebeln
Öl zum Dünsten
200 g Pilze (Austernpilze oder Champignons)
1 kleine Rote Beete
1 Knoblauchzehe
Salz, Pfeffer, Dill, Kümmel (ganz)
1 EL Crème fraîche
3 EL Mehl
350 ml Milch
1 hart gekochtes Ei
2 Eier
2 Packungen Tiefkühlblätterteig
1 Eigelb zum Bestreichen

Zubereitungszeit: ca. 30 Min.
Backzeit: 40 Min.
E-Herd: 220 °C (vorgeheizt)

GIFTPILZE

Zutaten:
6 hart gekochte Eier
Kopfsalatblätter
3 mittlere Tomaten
Mayonnaise aus der Tube
evtl. Kräuterfrischkäse, 1 Knoblauchzehe und Olivenöl

Zubereitungszeit: ca. 45 Min.

Die ausgekühlten Eier schälen und an der stumpferen Seite eine Scheibe abschneiden, damit die Eier aufrecht stehen bleiben. Die Eier auf Salatblättern arrangieren. Die Tomaten halbieren, aushöhlen und mit Küchenkrepp innen und außen trocknen. Die Tomatenhälften mit Mayonnaise auf die Eier kleben und die Pilzhüte mit Mayonnaisetupfen verzieren.

VARIANTE: Den gekochten Eiern an der abgeschnittenen Seite vorsichtig das Eigelb entnehmen – dabei das Ei nicht beschädigen – und durch ein Sieb streichen. Frischkäse, eine klein gehackte Knoblauchzehe und Olivenöl (nach und nach) zufügen und mischen, bis eine geschmeidige Masse entstanden ist. Diese mit dem Spritzbeutel wieder in die Eier füllen und die Pilze fertig stellen.

HÖLLISCHE KÜRBISSUPPE

Zutaten:
1 großer Speisekürbis
1 Stück Ingwer (1 cm groß)
1 kleine Gemüsezwiebel
1 kleine Chilischote
30 g Butter
1 Knoblauchzehe
0,5 l Hühnerbrühe
200 g Sahne
Salz, Pfeffer
1 Prise Muskat
1 EL gehackte Petersilie

Zubereitungszeit: ca. 60 Min.

Kürbis schälen, entkernen und das Fruchtfleisch würfeln. Ingwer und Zwiebel ebenfalls klein schneiden. Die Chilischote der Länge nach aufschlitzen, entkernen und fein hacken. Die Butter in einem Topf erhitzen und darin die Zwiebeln glasig dünsten. Ingwer, Chilistücke und gepressten Knoblauch hinzufügen. Dann die Kürbiswürfel kurz mitdünsten und die Hühnerbrühe angießen. Alles auf kleiner Flamme 30 Minuten garen und dann im Mixer pürieren. Fügen Sie die Sahne hinzu und lassen Sie alles nochmal kurz aufkochen. Mit Salz, Pfeffer und Muskat abschmecken und mit etwas gehackter Petersilie servieren.

MADENEINTOPF

Den Reis in der Gemüsebrühe garen. Die Zwiebeln und das Suppengrün würfeln und anbraten. Mit den abgespülten Linsen und 1/2 Tasse Wasser aufgießen. Mit Tomatenmark und Essig abschmecken und nach Geschmack würzen. 10 Minuten köcheln lassen. Den zerdrückten Knoblauch hinzufügen und 3/4 des gekochten Reises unterrühren. Den Rest als Dekoration auf den Eintopf streuen.

Zutaten:

1 Tasse Reis
2 TL Gemüsebrühe
2 Zwiebeln
1 Bund Suppengrün
1 800 g-Dose Linsen
1 EL Tomatenmark
1 EL Essig
Salz, Pfeffer, Bohnenkraut, Basilikum
2 Knoblauchzehen

Zubereitungszeit: ca. 45 Min.

ALGENPASTE

Für diesen deftigen Brotaufstrich den Parmesan fein reiben und alle anderen Zutaten pürieren bzw. fein von Hand hacken. Alles in eine Schüssel geben, mischen und so lange Olivenöl zugeben, bis eine streichfähige Paste entsteht. Mit Salz und Pfeffer abschmecken. In heiß ausgespülte Gläser gefüllt und mit Öl bedeckt hält die Algenpaste ca. sechs Monate lang.

Zutaten:

100 g frischer Parmesan
100 g glatte Petersilie
100 g frisches Basilikum (3–4 Töpfchen)
30 g Pinienkerne
1 Knoblauchzehe
Olivenöl
Salz, Pfeffer

Zubereitungszeit: ca. 30 Min.

Zutaten:

- 12 Wiener Würstchen
- 6 Hamburgerbrötchen
- Salatblätter
- 3 Tomaten, in Scheiben geschnitten
- 6 saure Gurken, in Scheiben geschnitten
- 6 Käsescheiben
- Zwiebelringe
- Sandwichcreme und Tomatenketschup
- 6 Holz-Schaschlikspieße

Zubereitungszeit: ca. 30 Min.

WURM-BURGER

Die Würstchen häuten, der Länge nach halbieren und die Hälften nochmals in lange Streifen schneiden. Die unteren Brötchenhälften mit Salatblatt, Tomaten-, Gurken- und Käsescheiben, Zwiebelringen, Sandwichcreme und Ketschup belegen. Zum Schluss eine Hand voll wirrer Wurst-Würmer darauf legen und mit der oberen Brötchenhälfte zudecken. Den ganzen Burger von oben nach unten mit einem Schaschlikspieß durchbohren, damit beim Reinbeißen nichts verrutscht.

SARGDECKEL

Einen Hefeteig bereiten: Das Mehl in einer Schüssel mischen und eine Mulde hineindrücken. In die Mulde die Hefe bröseln und Zucker und Wasser dazugeben. Mit etwas Mehl mischen und den Vorteig 15 Minuten an einem warmen Ort gehen lassen.

Die Gewürze, Salz und Öl auf dem Mehlrand verteilen und alles gut durchmischen. Den Teig so lange kneten, bis er Blasen wirft, und nochmals zugedeckt ca. eine 3/4 Stunde gehen lassen. Dann den Teig durchkneten, dünn ausrollen und mithilfe einer Schablone Sargdeckel ausschneiden. Auf ein geöltes Blech legen und 15 Minuten ruhen lassen. Im vorgeheizten Ofen etwa 10 Minuten kross backen. Dazu passt die Algenpaste von Seite 51.

Zutaten:

350 g Weizenvollkornmehl
150 g Roggenmehl
1 Würfel Hefe (oder Trockenhefe)
1 Prise Zucker
250 ml lauwarmes Wasser
1 TL Schwarzkümmelsamen
1 TL Kümmelsamen
1/2 TL gemahlener Koriander
2 TL Salz
2 EL Olivenöl
Öl für das Backblech

Zubereitungszeit: ca. 90 Min.
Backzeit ca. 10 Min.
E-Herd: 250 °C (vorgeheizt)

SPINNEN-SPEISE

Zutaten:

- 1 Päckchen Götterspeise (Waldmeistergeschmack)
- 1 Päckchen Schokoladenpudding
- 1 Becher Schlagsahne
- 1 Päckchen Sahnesteif
- 1 große dunkle Weintraube
- 8 Lakritz- oder Fruchtgummischnüre

Zubereitungszeit: ca. 5 Std. (mit Kühlzeit)

Götterspeise nach Anleitung kochen und in eine große durchsichtige Schüssel füllen. Erstarren lassen. Den Schokoladenpudding nach Anleitung kochen – etwas weniger Milch nehmen als angegeben – und unter Rühren abkühlen lassen.

Den Pudding auf die feste Götterspeise geben und glatt streichen. Nochmals kalt stellen.

Die Sahne mit Sahnesteif schlagen und mit einer Spritztüte ein Spinnennetz auf den Schokoladenpudding spritzen. Aus zwei Traubenhälften (= Spinnenkörper) und Lakritzschnüren (= acht Beine) eine Spinne basteln und auf das Netz setzen. Bis zum Servieren kühl stellen.

KNOCHENKEKSE

Zutaten:

- 250 g Mehl
- 1 TL Backpulver
- 180 g geriebener Emmentaler
- 200 g Butter
- 1 Ei
- etwas Pfeffer, Muskatnuss und Paprika edelsüß
- 1 Eigelb zum Bestreichen
- Backpapier

Zubereitungszeit: ca. 45 Min.
Backzeit: ca. 15 Min.
E-Herd: 220 °C vorgeheizt

Aus Mehl, Backpulver, Emmentaler, Butter, Ei und den Gewürzen einen Teig kneten und diesen mindestens 1/2 Stunde kalt stellen. Dann den Teig 1/2 cm dick ausrollen und in 1 cm breite und ca. 15 cm lange Streifen schneiden.

Die Streifen auf ein mit Backpapier ausgelegtes Blech legen und mit Eigelb bestreichen. Im vorgeheizten Ofen etwa 15 Minuten backen. (Abbildung Seite 48)

VARIANTE: Aus dem ausgerollten Teig können auch mit Hilfe von Schablonen die Motive von Seite 62/63 ausgeschnitten werden.

AUGEN IN ASPIK

Mit einer spitzen Schere Löcher in die Marshmallows schneiden. In jede grüne Traube eine Korinthe drücken und die Traube in das Loch des Marshmallows legen (= die Pupille des Auges). Götterspeise nach Anleitung zubereiten und in eine flache Schale füllen. Die „Augen" in die Götterspeise setzen und das Ganze fest werden lassen. Ganz Unerschrockene reichen dazu Vanillesoße.

Zutaten:

10 weiße Marshmallows
10 kleine grüne, kernlose Weintrauben
10 Korinthen
1 Päckchen Götterspeise (Himbeergeschmack)
evtl. Vanillesoße

Zubereitungszeit: ca. 30 Min.

„EISKALTES-HÄNDCHEN"-BOWLE

Vinyl-Handschuh reinigen (auch von links), mit rotem Saft füllen, gut verschließen und mindestens einen Tag in das Gefrierfach legen. Eine unbehandelte Zitrone waschen, in Scheiben schneiden und in ein Bowle-Gefäß legen (evtl. mit Wodka aufgießen und 1/2 Stunde ziehen lassen). Langsam mit den gut gekühlten Getränken auffüllen und mit Zitronensaft und flüssigem Süßstoff abschmecken. Die gefrorene Hand aus dem Handschuh schälen und in der Bowle schwimmen lassen. Die „Eiskaltes-Händchen"-Bowle sofort servieren.

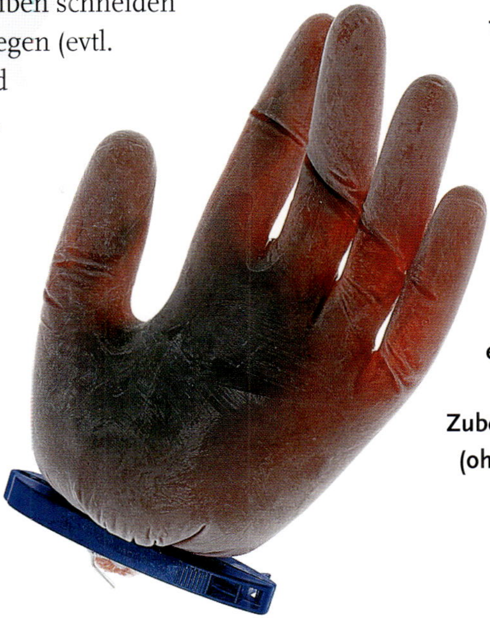

Zutaten:

1 Vinyl-Handschuh Größe S (Apotheke)
0,5 l roter Saft (Johannisbeer oder Kirsche)
1 unbehandelte Zitrone
1 l Bitter Lemon
1,5 l Zitronenlimonade klar
1,5 l Mineralwasser, stark sprudelnd
Flüssiger Süßstoff und Zitronensaft nach Geschmack
evtl. 1 Flasche Wodka

Zubereitungszeit: ca. 60 Min. (ohne Kühlzeit)

ARMER, HÄSSLICHER WERWOLF

Für dieses Spiel wird ein Gast zum Werwolf ernannt. Vielleicht findet sich ein Freiwilliger in der Runde, der als Erster den Werwolf mimt. Der Werwolf sitzt, kauert oder krabbelt im Kreis, die übrigen Gäste gruppieren sich drumherum.

Der arme Werwolf sucht sich eine Person aus und jault, winselt oder bellt sie an. Ziel ist es, sein Gegenüber zum Lachen zu bringen. Erlaubt ist natürlich alles, was witzig und originell ist.

Der Angejaulte muss todernst bleiben, dem Wolf über den Kopf streichen und dreimal den Satz: „Armer, hässlicher Werwolf" erwidern. Gelingt es ihm, keine Mine zu verziehen, muss sich der Wolf ein neues Opfer suchen. So lange, bis schließlich einer der Mitspieler in Gelächter ausbricht. Dieser schlüpft dann in die Rolle des Werwolfes und muss sein Glück versuchen ...

DIE SCHWEBENDE MUMIE

Für dieses Partyspiel brauchen Sie fünf bis sieben Leute und eine Person, die die Mumie verkörpert. Die Mumie ruht auf dem Boden, links und rechts hocken oder knien die Helfer, die den Zeigefinger und den Mittelfinger beider Hände unter die Mumie schieben. Am Kopfende befindet sich der Hypnotiseur. Von nun an wird nur noch geflüstert, der Raum ist mystisch abgedunkelt. Dann beginnt der Hypnotiseur Beschwörungsformeln zu murmeln, der

Helfer neben ihm wiederholt flüsternd den Satz und so geht es im Uhrzeigersinn weiter.

Die Sätze können wie folgt lauten: 1. Du bist ganz schläfrig; 2. Du bist ganz ruhig; 3. Deine Arme und Beine werden leicht; 4. Dein Körper fühlt sich schwerelos an; 5. Dein Kopf wird leicht; 6. Du schwebst wie eine Feder; 7. Bei drei heben wir dich hoch. (Auch dieser Satz wird von allen Mitspielern wiederholt, bis er wieder beim Kopfende angekommen ist.) Dann wird reihum bis drei gezählt und die Mumie angehoben.

Wie durch Magie scheint der Körper sein Gewicht verloren zu haben. Ohne Anstrengung können die Helfer die Mumie einen Augenblick in der Luft halten. Bitte anschließend auf keinen Fall zu Boden krachen lassen!

Es ist ratsam, bei diesem Spiel mit dem nötigen Ernst zu verfahren, ansonsten verliert die Suggestion ihre Wirkung und die Mumie bleibt schwer wie ein Kartoffelsack am Boden.

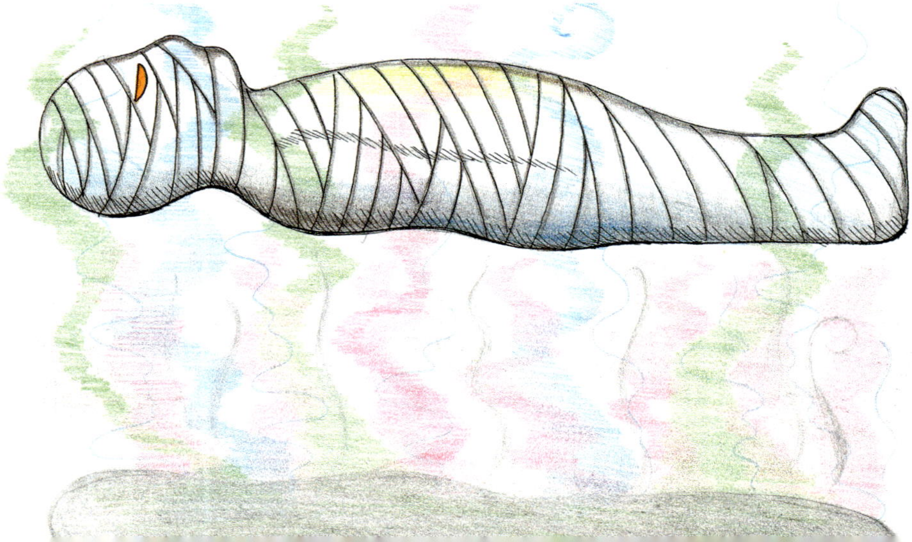

DER SENSENMANN GEHT UM

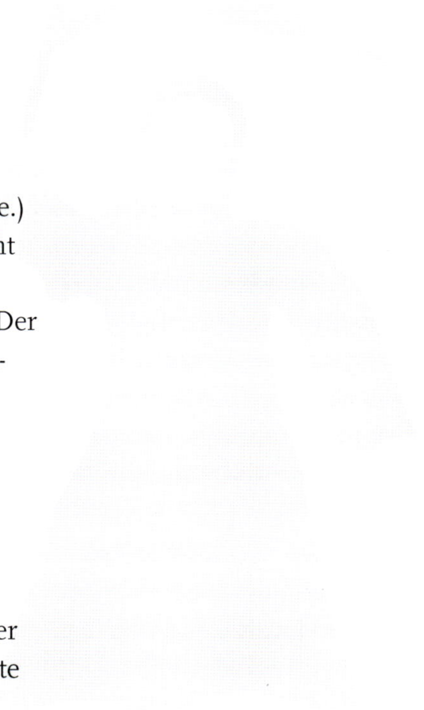

Ein Nervenkitzel ganz besonderer Art ist dieses Spiel.

Alle Gäste versammeln sich in der Mitte des Raumes. (Ideal wäre ein unmöblierter Raum oder eine Tanzfläche.) Jeder sucht sich einen festen Platz, von dem er sich nicht wegbewegt. Durch Los wird der Sensenmann ermittelt. Das Licht wird gelöscht und dann beginnt das Grauen: Der Tod geht um, natürlich wortlos und möglichst geräuscharm, und gibt sich durch einen leichten Griff in den Nacken zu erkennen. (Bitte nicht zu fest zupacken!) Mit einem gellenden Schrei oder einem Todesröcheln (je nach Geschmack und schauspielerischem Talent) sinken die Berührten zu Boden.

Wenn der Tod alle dahingerafft hat, wird das Licht wieder angemacht und Erleichterung macht sich breit. Der beste Todesschrei kann übrigens prämiert werden.

SCHAURIGE SCHACHTELN FÜHLEN

Sie brauchen mehrere Schuhkartons oder andere Schachteln in dieser Größe. Die Schachteln werden schwarz oder rot, grün oder lila angemalt und mit gruseligen Motiven (Fledermäusen, Totenköpfen, Spinnen, Würmern usw.) beklebt. Die Motive finden Sie in Biologie- oder Tierbüchern oder als Sticker in Schreibwarengeschäften.

Schneiden Sie ein Loch – passend für eine Hand – in jede Schachtel. Der Inhalt der Kisten sollte möglichst gruselig, eklig, Furcht einflößend oder abschreckend sein, sodass es einer Mutprobe gleichkommt, hineinzufassen.

Hier einige Vorschläge für den Inhalt:
- **Werwolfgebiss:** ein Aststück, worauf mit Heißkleber mehrere spitze Steine montiert werden
- **Drachengedärm:** mehrere eingeweichte Gelatineblätter
- **Schneckenschleim:** Haargel oder Zahncreme
- **Vampir-Fingernägel:** zerbrochene Nussschalen
- **Zyklopenaugen:** einige hart gekochte, abgeschälte Eier
- **Gallensteine einer Hexe:** kleine Kieselsteinchen
- **Fledermausreste:** ein Stück Pelzrest und mehrere Schnipsel vom Fensterleder
- **Der Bart eines Riesen:** etwas Heu oder Stroh
- **Vorsicht, bissige Sandwürmer:** einige Weingummischlangen in einer flachen Schale mit Kerzensand verstecken
- **Schrift**: einige Rosinen

Bestimmt fallen Ihnen noch andere makabere Beispiele ein, wie man die Schachteln bestücken könnte. Beschriften Sie die Deckel mit gespenstischen Namen, dann können sich die Gäste bereits in ihrer Fantasie ein Bild von dem schrecklichen Inhalt machen.

Die Öffnungen der Schachteln werden übrigens mit schwarzen Tüchern verhängt, damit nichts von den geheimnisvollen Schätzen erspäht wird.

KÜRBISTANZ

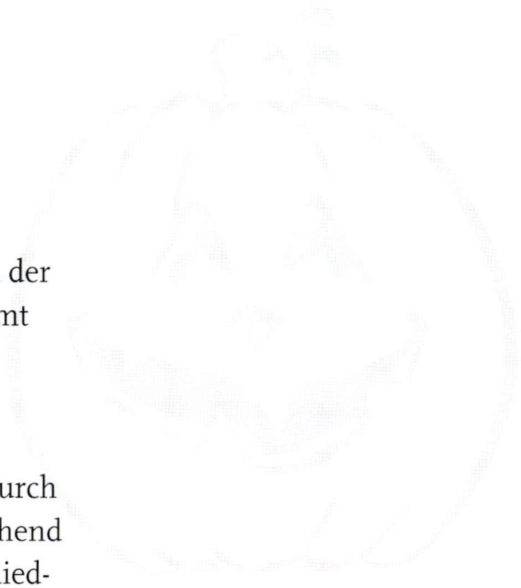

Für diesen Tanz benötigen Sie kleine Zierkürbisse in der Größe von Äpfeln. Jedes tanzfreudige Pärchen klemmt sich einen Kürbis zwischen die Köpfe, am besten im Stirnbereich.

Durch einen wohl dosierten Druck der Tänzer und durch ausbalancierte Bewegungen bleibt der Kürbis weitgehend an Ort und Stelle. Durch zu hastige oder zu unterschiedliche Bewegungen schnippt er davon. Das bedeutet Disqualifikation, das Paar scheidet aus und der Tanz geht für die anderen weiter.

Hier ist Körpereinsatz gefragt und selbst die geschicktesten Tänzer können zur Freude der bereits ausgeschiedenen Mitspieler nicht verhindern, dass sich der Kürbis zwischen den Körpern langsam auf Wanderschaft begibt.

Das Paar, das zuletzt den Kürbis noch irgendwo am Körper eingeklemmt hat, gewinnt den Tanzmarathon.

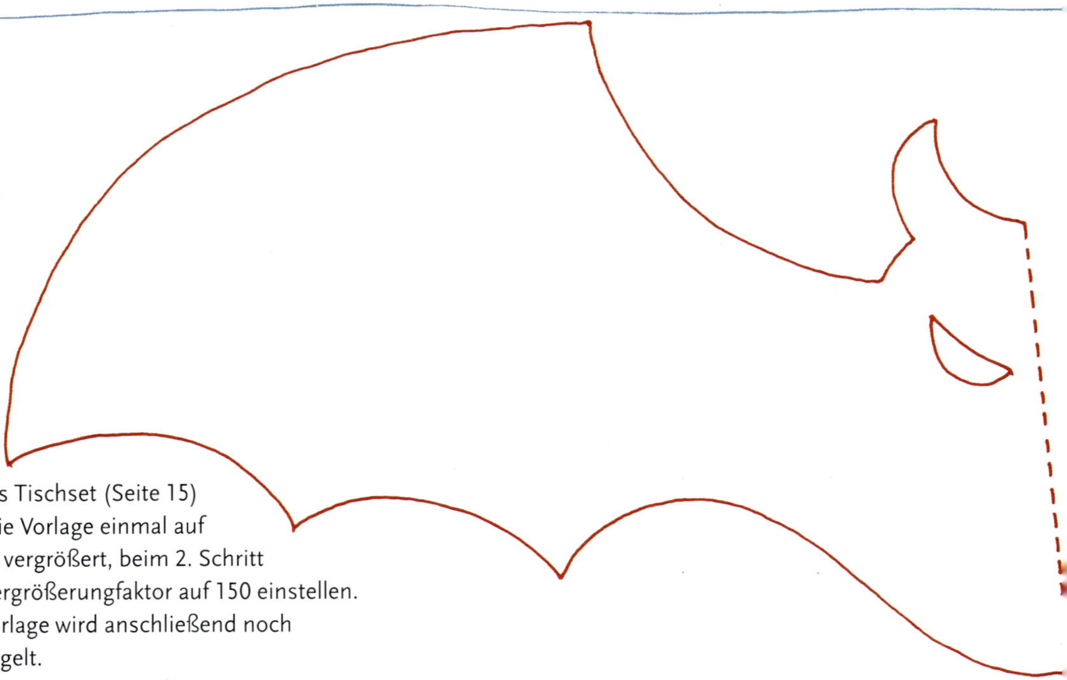

Für das Tischset (Seite 15) wird die Vorlage einmal auf 200 % vergrößert, beim 2. Schritt den Vergrößerungfaktor auf 150 einstellen. Die Vorlage wird anschließend noch gespiegelt.

Für das Tischset (Seite 40) muss die Vorlage in zwei Schritten mit dem Kopierer vergrößert werden. Das erste Mal um 200 %, dann um 150 %. So erhalten Sie eine Breite von ca. 30 cm.

Sprechblase
für die Kürbis-
Einladungskarte
(Seite 40)

Für das Tischset
(Seite 35) vergrößern
Sie die Katze in zwei
Schritten, und zwar
zweimal Vergröße-
rungsfaktor 200 ein-
stellen.

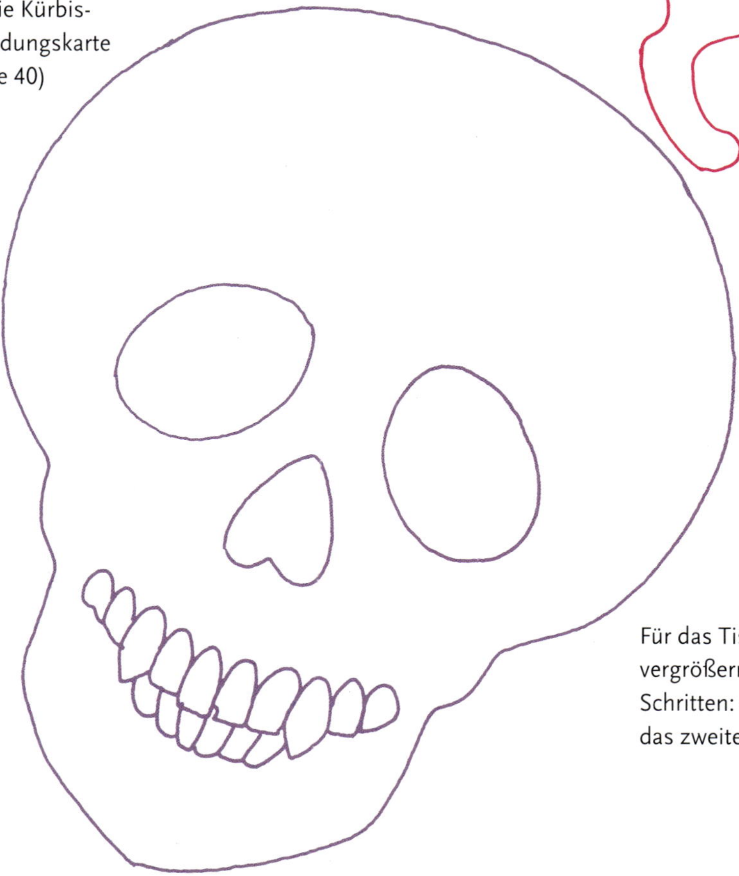

Für das Tischset (Seite 25/26)
vergrößern Sie die Vorlage in zwei
Schritten: das erste Mal um 200 %,
das zweite Mal um 120 %.

Bezugsquellen

Plüschtiere von
HANSA Toy Germany GmbH
Hegaustraße 10–12
78054 Villingen-Schwenningen
Tel.: 0 77 20/8 58 98-0
www.hansatoy.de

Partydekorationen von
The Party Company
C. Riethmüller GmbH
Alleenstraße 18
73230 Kirchheim/Teck
Tel.: 0 70 21/92 60
info@riethmueller.de

Für die freundliche Leihgabe von Requisiten bedanken wir uns bei

Dr. Herwarth und Gerda Kronmarck, Gabriele Sellmer-Heck, OSA Friedrich Seeler, Rita Seiter, Silvia Schmidt, Anita Schenk und Andreas Stieler.

Ein Dank auch an unsere geduldigen Modelle Isabella Heck und Jörg Eisele.